LE MOUVEMENT SOCIAL

EN

PORTUGAL

DE 1895 A 1897

PAR

J.-J. TAVARES DE MEDEIROS

Avocat, Membre de l'Académie des Sciences de Lisbonne
et de l'Institut International de Sociologie.

Extrait de la *Revue Internationale de Sociologie.*

PARIS

V. GIARD & E. BRIÈRE

LIBRAIRES-ÉDITEURS

16, Rue Soufflot, 16

1897

LE MOUVEMENT SOCIAL

EN

PORTUGAL

DE 1895 A 1897

PAR

J.-J. TAVARES DE MEDEIROS

Avocat, Membre de l'Académie des Sciences de Lisbonne
et de l'Institut International de Sociologie.

Extrait de la *Revue Internationale de Sociologie*.

PARIS

V. GIARD & E. BRIÈRE

LIBRAIRES-ÉDITEURS

16, Rue Soufflot, 16

1897

LE MOUVEMENT SOCIAL

EN PORTUGAL

DE 1895 A 1897.

Nous allons encore une fois aborder l'étude du mouvement social en Portugal. Nous le prendrons au point où nous l'avons laissé, à la fin de 1894 (1), pour le conduire jusqu'au commencement de 1897. Nous resterons fidèles à la marche que nous avons adoptée précédemment pour l'appréciation des faits prépondérants de la vie sociale du Portugal, les seuls qui méritent de fixer l'attention de nos lecteurs.

La période d'environ deux années que nous embrassons n'est guère assez étendue pour qu'en général de grandes modifications se puissent accuser dans l'organisation sociale d'un peuple, à moins que ne surviennent de graves événements inattendus dépendant de causes extraordinaires qui en seraient les facteurs immédiats. A ne considérer même que les grandes périodes, les faits sociaux sont d'une facile prévision, étant très souvent la conséquence logique et nécessaire de leurs précédents historiques. Il serait impossible autrement de comprendre qu'ils puissent admettre une explication quelconque. L'histoire n'aurait plus aucune signification scientifique si elle ne pouvait établir entre les événements successifs un lien de dépendance mutuelle et les laissait voir imprévus et fortuits. Ainsi donc, il n'y a rien d'étonnant que, dans la courte période de temps où nous nous restreignons, nous n'ayons à noter que la continuation de l'état social que nous connaissons déjà. Cet état évolue du reste vers un terme qui arrivera fatalement à s'imposer sans surprises ni illusions, avec cette inflexibilité implacable qui domine la transformation de tous les organismes : *Dura lex, sed lex.*

Point n'est besoin de répéter ici ce que nous avons déjà dit plus d'une fois au sujet des conditions spéciales du Portugal et de celles qui peuvent être regardées comme lui étant communes avec d'autres pays.

---

(1) Voir notre précédente étude : *le Mouvement social en Portugal* (1893-94) insérée dans la *Revue Internationale de Sociologie*, nº de janvier 1895, page 53.

Il nous suffira de montrer, chemin faisant, les faits qui les confirment et les manifestations qui en déterminent plus clairement l'importance.

Ceux qui voudraient se faire une idée de la marche administrative du gouvernement et de la situation politique de ce pays ne trouveraient point les éléments d'une appréciation sûre dans la presse, qui devrait cependant exprimer l'opinion publique, en étant l'organe le plus adéquat. Les journaux de l'opposition, aussi bien les monarchiques que les républicains, ne cessent de déclarer fausses et mensongères un grand nombre d'affirmations du gouvernement. Ils blâment le silence que celui-ci garde sur des faits dont il devrait donner connaissance au public, attendu que ce n'est pas uniquement aux parlements qu'il appartient, dans les pays civilisés, d'établir les responsabilités des gouvernants, encore même que ces parlements puissent toujours être l'expression fidèle de la représentation nationale. Il est évident, en effet, que pendant l'interrègne de la vie parlementaire, les citoyens n'abdiquent point leur droit d'inspection et de discussion en ce qui regarde les affaires publiques. La connaissance ou la non connaissance des procédés administratifs et politiques, appliqués alors souvent aux questions de la plus haute importance sociale, ne saurait leur être indifférente.

Il n'est pas rare d'entendre accuser à chaque pas le gouvernement d'avoir foulé aux pieds les lois organiques et fondamentales de la nation, compromis les institutions elles-mêmes, sous prétexte de les soutenir et défendre, transformant ainsi un système constitutionnel et représentatif en un gouvernement personnel absolu. On le rend responsable tous les jours du peu de prestige dont jouit le Portugal devant les gouvernements étrangers, soit qu'il soit accusé d'avoir soulevé des conflits qu'il aurait pu éviter, ou bien blâmé de les avoir résolus avec un amoindrissement évident de notre dignité, faisant plier la nation sous les impositions violentes, de qui déguise à peine ses convoitises sur nos colonies. L'administration intérieure est envisagée comme entièrement ruineuse par suite de l'augmentation des impôts devenus supérieurs aux forces du pays et par l'extraordinaire accroissement des dépenses superflues et préjudiciables, bien souvent ordonnées avec infraction aux dispositions des lois qui règlent la comptabilité publique, pour subvenir aux frais des missions grassement rétribuées, accordées aux fonctionnaires d'outre-mer et à l'étranger, pour faire face à la multiplicité des emplois créés sans autres titres ni raisons que la scandaleuse protection des ministres envers leurs créatures, et finalement pour l'entretien d'une police d'apparat qui sert beaucoup plus à restreindre et gêner la liberté des citoyens qu'à garantir d'une façon efficace l'ordre et la sûreté publique. Comme synthèse totale de cet état de choses, on voit quelques ministres compétents et probes livrés à la merci de hautes influences politiques et financières qui cherchent à monopoliser à leur profit les maigres sources de recettes de l'État. Personne ne saurait échapper à l'atmosphère de suspicion, de honteuses complicités, de petites intrigues et vilenies, qui fait que beaucoup pensent que la forme actuelle du gouvernement est impuissante à surmonter ces vices. De là, avouent quelques journaux monarchiques, l'étonnant développement de l'idée républicaine, qui compte de nombreux et puissants noyaux d'active propagande politique dans presque toutes les contrées de quelque importance, dans tout le pays. Et ce développement s'étale aux yeux de tous, car les républicains ne cherchent nullement à le dissimuler, et au contraire, en tirent plutôt vanité en proclamant hautement qu'il est le résultat des mesures répressives que le gouvernement a employées contre eux.

Les journaux ministériels ne manquent pas une occasion de chanter les louanges de qui sait si bien diriger les destinées du pays. Ils trouvent à chaque pas, dans les actes administratifs et politiques des ministres, des merveilles et des prodiges d'intelligence, d'honnêteté, de dévouement civique. Ils s'extasient sur leur prudence, leur tact gouvernemental, et le signalent comme un enseignement, un exemple digne d'être suivi par les nations les plus avancées du monde. Par contre, ces mêmes journaux mettent tous leurs soins à cacher les moindres échecs. Leur zèle sur ce chapitre égale celui qu'ils déploient à crier bien haut les éloges immodérés dès que se produit un événement d'où il peut résulter quelque mérite pour les ministres. Et si les fautes commises sont graves et ne sauraient être dissimulées, si les erreurs sont évidentes et les responsabilités flagrantes et ne peuvent être cachées, ces mêmes journaux ont encore la ressource de dénoncer le manque de patriotisme de leurs adversaires et leur reprochent d'être les principaux facteurs du discrédit du pays.

La critique juste et sans passion est obligée de corriger beaucoup de ce que ces appréciations ont d'exagéré, en tenant compte du dépit des partis et de l'ardeur de la lutte, car l'expérience montre que les procédés sont les mêmes, quels que soient les hommes au pouvoir. Il en résulte chez tout le monde, même chez les esprits les plus cultivés, une grande indifférence politique qui trouve son expression dans cette affirmation : tous les partis se valent. Mais cette proposition elle-même est entachée d'une certaine exagération.

Tout en tenant compte des défalcations à introduire dans les critiques, il reste encore abondamment de quoi définir la situation créée par le dernier ministère qui a duré plus de deux ans, entraînant comme conséquence une vie de crises terribles qui acheminèrent le pays dans une marche de régression croissante.

Le ministère qui a succédé au ministère Dias Ferreira au commencement de 1893 est resté le même dans ses éléments fondamentaux pendant ces deux années, malgré les remaniements multiples qu'il subit plus d'une fois par la complaisance du roi et qui amenèrent le remplacement des titulaires des portefeuilles de la marine, des travaux publics, de la guerre et des affaires étrangères. Il y a deux ans, nous avons dit dans notre chronique que la situation du Portugal sous ce ministère était caractérisée par un régime d'arbitraire où la loi constitutionnelle était suspendue à chaque pas à propos des moindres incidents, à la merci des circonstances, régime qui s'écartait dès lors fort peu d'une lamentable rétrogradation du pouvoir absolu ; depuis, bien que en apparence les choses aient changé d'aspect par un supposé rétablissement du régime parlementaire, la réalité continua d'être la même fiction et imposture.

L'année 1895 a donné la mesure de tout ce que pouvait produire l'imagination d'un gouvernement halluciné par l'idée d'une remise en vigueur d'institutions qui semblaient s'écrouler à chaque instant. Du même coup on put se rendre compte du tempérament flegmatique d'un peuple habitué à souffrir patiemment et avec résignation les plus grands abus gouvernementaux, si bien qu'il semble tranquillement absorbé par les exigences de l'industrie et du travail de chaque jour, ainsi qu'il convient à qui ne saurait se fier qu'à soi-même, puisqu'aussi bien les protestations des hommes politiques valent ce que valent les discours des meetings publics et ne sont que des paroles que le vent emporte dans le désert où elles se perdent sans que nulle oreille attentive les recueille. Le gouvernement voyait de l'anarchie et de l'indiscipline dans toutes les classes de la société et des vices énormes dans la représentation nationale en raison des influences électorales et des administrations locales. Et il ne songeait qu'à une thérapeutique pour apporter un remède à ces maux : la reconstitution d'un pouvoir fort par le renforcement du principe d'autorité, l'épuration des forces vives de la nation pour les procédés législatifs, la centralisation des services locaux et la répression de tous les dérèglements au moyen d'une police toujours prête à sévir et très armée, sans oublier la censure pour la presse et une pénalité écrasante pour la répression de ses délits. Le *salus populi* et le *morbus* collectif l'exigeaient ainsi. Et le pays allait entrer dans une période de bien entendue modération de mœurs, dans une nouvelle phase de prospérité et de dignité, ayant à sa tête des Catons d'une origine non douteuse et aussi autorisés par leur science que par leur expérience. A chacun d'apporter sa pierre pour le grandiose édifice qu'il s'agissait d'élever et de rendre un respectueux hommage au mérite des savants architectes qui, pour qu'il ne leur manquât rien, ont trouvé un appui inconditionnel de la part de ceux qui auparavant ne leur accordaient qu'une ironique admiration, les tenant pour foncièrement stupides ou crapuleux. Avec une si loyale coopération et une aide si profitable il fallait s'attendre à une œuvre solide et durable.

Dans le but de réaliser le programme que nous venons d'indiquer trois décrets dictatoriaux furent rendus : ceux des 2 et 28 mars 1895 et du 25 septembre de la même année. Le premier, qui fut appelé code administratif, s'occupa de la réforme de l'administration locale qui d'ailleurs avait déjà été réformée peu de temps avant par les décrets du 26 septembre 1891, du 21 avril, 6 août, 13 et 30 décembre 1892. L'autre décret, celui du 28 mars 1895, réformait la loi électorale et l'organisation de la Chambre des députés. Le troisième réformait quelques dispositions de la charte constitutionnelle de l'acte additionnel de 1885, et réorganisait la Chambre haute. Ces trois décrets furent ensuite convertis respectivement dans les lois du 4 et 21 mai et 5 avril 1896, avec les quelques modifications que le parlement y introduisit.

Le premier de ces décrets modifia profondément les différents organes de l'administration locale, aussi bien pour ce qui est de sa constitution intime que pour ce qui est de son fonctionnement et son existence propre. Les « juntes » générales des districts restèrent supprimées, excepté dans les districts insulaires. Elles furent remplacées par les commissions des districts, composées du gouverneur civil, président, d'un magistrat appelé auditeur nommé par le gouvernement et de trois « vogaes » élus indirectement par le municipe. Mais néanmoins cette partie élective des commissions restait sujette à la dissolution par décret du gouvernement sur avis du procureur général de la couronne si des motifs puissants d'ordre public le commandaient. Les attributions de ces commissions furent réduites à quelques services de l'intérêt général de l'État, à émettre un avis sur les matières sur lesquelles le gouvernement les consulterait, et à la surveillance de quelques services de l'administration municipale. On établit deux catégories de municipalités suivant leur importance ; l'élection des conseillers municipaux est directe par le peuple, mais le président dans quelques cas est nommé par le gouvernement, leurs délibérations ne peuvent pas recevoir d'exécution pour certains services plus importants de l'administration qu'après avoir été approuvées par un décret du gouvernement, qui paraît au Journal Officiel, ou bien soumises au contrôle de la commission du district. En d'autres termes, dans certains cas la tutelle est toujours exercée par le gouvernement, quelle qu'en soit l'importance, dans d'autres cas elle est exercée tantôt par le gouvernement tantôt par les commissions des districts, suivant le rang du municipe. L'administration paroissiale demeure subordonnée à la tutelle du gouvernement et à celle des gouverneurs civils, selon l'importance des actes dont il est question. Une partie des attributions du contentieux administratif qui auparavant étaient à la charge des tribunaux collectifs sont passées en partie aux commissions de district qui les exercent conjointement avec les auditeurs. Sont compris dans cette catégorie l'examen des comptes des corporations administratives, etc... Une partie des attributions du contentieux appartient aux auditeurs exclusivement, celle qui comprend les réclamations contre les délibérations administratives ; une autre partie encore du contentieux appartient aux juges ordinaires du premier ressort, en ce qui regarde les questions de recrutement des armées de terre et de mer et les contributions ou impôts généraux, municipaux ou paroissiaux.

Le second décret ayant trait aux élections et à l'organisation de la Chambre des députés a introduit peu de changements dans l'étendue du droit de vote tel qu'il avait été établi antérieurement, mais il réforme les comités électoraux, réduit le nombre des députés de 170 à 120, établit le scrutin de liste, supprime la représentation des minorités et les députés par accumulation de voix, et augmente les incompatibilités de plusieurs fonctions avec le mandat législatif. La loi du 21 mai 1896 a rétabli le système ancien d'élection par cercles nommant chacun un député, les cercles de Lisbonne et Porto étant les seuls qui nomment plusieurs députés, 7 pour le premier et 3 pour le second.

Les incompatibilités principales créées par ce décret sont absolues ou relatives. Dans la première catégorie sont comprises : les personnes qui, au moment des élections, rempliraient des fonctions administratives ou fiscales dans les sociétés industrielles ou commerciales constituées en vertu d'une convention ou concession spéciale du gouvernement ou celles qui en auront obtenu des privilèges, des subventions ou n'importe quelle espèce de garantie; les personnes qui seraient concessionnaires, entrepreneurs ou régisseurs de travaux publics; les employés de la maison du roi en service effectif pendant l'élection; les employés des départements des finances, des districts et conseils, les directeurs des douanes et les chefs de délégation d'octroi: les auditeurs administratifs et les secrétaires généraux des gouverneurs civils; les employés des provinces d'outre-mer, du corps diplomatique et consulaire, et ceux des Chambres législatives. Le gouvernement justifia ces incompatibilités en invoquant la nature spéciale des emplois et la convenance supérieure d'écarter pour toujours du Parlement tous ceux qui se trouvent associés à des entreprises dont les intérêts sous le contrôle du gouvernement puissent être en opposition avec les intérêts de l'État. Les exclusions conditionnelles comprennent : les magistrats administratifs et judiciaires et les membres du parquet, les autorités militaires, les employés de l'administration nommés par le gouvernement, les gouverneurs civils, les membres des corps administratifs, les fonctionnaires fiscaux de police ou de justice et les employés du service technique du ministère des travaux publics qui ne sont point éligibles dans les circonscriptions où ils exercent ces fonctions, car, disait le gouvernement, il serait à craindre autrement que les services publics n'eussent à souffrir de l'influence des passions politiques et que les fonctionnaires ne fussent tentés de mettre au service de leurs intérêts électoraux leur position privilégiée et ne se livrassent à un de ces actes que la législation pénale leur a défendus, tels que solliciter des voix, distribuer des professions de foi ou manifestes, ou influencer les électeurs même sans violence.

Le nombre de députés élus parmi les fonctionnaires civils et militaires, et tous autres dont les fonctions ne sont point incompatibles avec le mandat législatif, ne pourra dépasser quarante, et de même les médecins et avocats ne peuvent pas être plus de vingt au Parlement.

Le décret du 21 septembre 1895 réorganise la Chambre des pairs et modifie quelques-unes des dispositions fondamentales de la Charte constitutionnelle. La Chambre des pairs se composait de 100 membres inamovibles nommés par le roi qui les choisit dans certaines catégories de citoyens et de cinquante pairs élus pris parmi les mêmes catégories, outre les pairs dit pairs de droit : prince royal, infants, évêques et archevêques du royaume, aux termes des lois de 1878 et 1885. Actuellement, elle est composée de 90 membres inamovibles nommés par le roi qui les choisit librement, sans autre restriction que l'obligation de prendre des individus ayant plus de quarante années et ne tombant dans aucun des cas d'inéligibilité absolue prévus par la loi d'organisation de la Chambre. Bien entendu, ne sont pas compris dans ce nombre les pairs de droit et ceux qui jouissent de la pairie héréditairement, ainsi que leurs successeurs. L'exercice de la fonction législative est suspendu pour les pairs toutes les fois qu'ils se trouvent dans les mêmes cas, que la loi électorale déclare incompatibles avec la députation : acceptation d'une place dans les conseils d'administration, la gérance, ou la fiscalisation d'entreprises, ou sociétés industrielles ou mercantiles contituées en vertu d'un traité ou concession du gouvernement, ou en ayant obtenu un privilège, sauf seulement le cas où le pair aurait auprès de ladite société une délégation du gouvernement pour la défense des intérêts de l'État ; acceptation d'une concession, régie ou entreprise de travaux publics, et ce tant que l'on ne prouvera pas que le motif de l'une quelconque de ces incompatibilités avec la fonction législative n'a cessé. Le même décret a permis que les ministres nomment, parmi les fonctionnaires supérieurs de l'administration de l'État, des délégués spéciaux qui prendront part à la discussion de certains projets de loi devant les Chambres législatives. De plus, toujours par ce même décret, les prérogatives royales se sont trouvées augmentées. Il accorde, en effet, au roi la faculté de résoudre, après avoir pris avis du Conseil d'État, les conflits qui pourront survenir entre les deux Chambres, au cas où les membres de la commission mixte, à qui il appartient de les trancher, ne pourraient pas se mettre d'accord ; mais cette faculté a passé par la loi du 3 avril 1896 aux Cortès générales, toutes les fois que leur convocation sera demandée par l'une ou l'autre Chambre. Le même décret avait déterminé encore que toutes les fois que les Chambres n'auront pas voté le budget des recettes et des dépenses avant la fin de l'année économique, les dépenses pour les forces de terre et mer, et les contingents de la force publique se feront d'après les dernières dispositions législatives ; mais, d'après la loi de 1896, si les Chambres étaient en vacances, elles seront convoquées et devront se réunir dans le délai de trois mois pour délibérer exclusivement sur ce sujet et, si elles étaient ouvertes, la clôture de la session législative ne pourra être prononcée avant que les Chambres n'aient résolu ce point, sauf dans le cas de dissolution, mais alors elles devront être convoquées dans ledit délai de trois mois.

Cet ensemble de mesures extraordinaires modifiant sensiblement le droit public portugais a soulevé, comme il fallait s'y attendre, de graves protestations de la part de la presse politique de l'opposition. Mais le gouvernement poursuivit l'exécution de son plan qu'il a maintenu jusqu'au bout, sans que l'opinion nationale se manifestât d'une façon plus significative. L'indifférence des classes sociales ou l'impossibilité qu'il y a pour elles de prendre toute autre attitude, ne nous permet pas de savoir d'une façon positive ce que le pays et ses institutions ont gagné ou perdu avec ces procédés d'administration et cette politique. Si ce n'est quelques rares optimistes de tous les temps, personne n'a confiance dans une situation qui s'aggrave de plus en plus dans l'opinion de tous ceux qui ne sont pas inféodés au gouvernement. Avant que ces mesures n'eussent été mises à exécution on a pu espérer qu'elles donneraient quelque résultat. Et l'on était disposé à oublier le vice dictatorial originel dont elles étaient entachées, si en effet, ces mesures avaient pu moraliser le parlement et l'administration et sortir ces deux rouages importants de la vie politique de la basse situation où ils sont tombés. Car, en vérité, il y avait bien peu à espérer des pouvoirs parlementaires et c'est avec raison que l'on ne blâmait pas entièrement les réformes du gouvernement et que l'on ne montrait pas à l'endroit de ses intentions plus de méfiance qu'il ne convenait, étant donné que la situation exigeait réellement un remède énergique. Il est vrai que la dictature exigeait des dictateurs d'une mâle envergure, d'une fermeté de principes bien certaine et d'un caractère moral supérieur à toutes les suspicions de l'intérêt individuel ou de parti. Ce sont là des conditions si difficiles à réunir que dans d'autres circonstances que les nôtres elles eussent justifié toutes les résistances. Mais par malheur nous étions dans la position de ces malades qui désespérant des ressources de la médecine se livrent aux mains du guérisseur ou invoquent le miracle, encore qu'à la fin ils comptent une désillusion de plus.

La réforme administrative a prétendu éviter certains abus des corporations locales en en supprimant plusieurs en dépit d'une vieille tradition historique et en étouffant la liberté d'un certain nombre d'autres, grâce à une centralisation exagérée, en plongeant dans l'anarchie, finalement, le contentieux administratif qu'elle ne sut ni laisser aux compétences spéciales ni rendre à la juridiction ordinaire.

La réforme électorale et l'organisation de la Chambre des députés, en raison de la simplicité des opérations électorales, dont bon nombre de fraudes se sont trouvées ainsi supprimées, et aussi en raison de l'incompatibilité des fonctionnaires et de certains entrepreneurs, industriels et commerçants avec les fonctions législatives, mériterait d'être acceptée si elle n'avait pas paru avoir surtout été imaginée pour assurer le triomphe complet 'du gouvernement et l'écrasement des partis de l'opposition qu'elle éloigna du suffrage et exclut de la représentation nationale, car elle rendit la lutte électorale impossible. Le gouvernement, en effet, est resté toujours le grand électeur et les incompatibilités sont devenues surtout remarquables par leur côté ridicule : car tandis que l'on laisse entrer au parlement quarante fonctionnaires publics, en général instruments obéissants du ministère, on n'admet que vingt médecins et avocats qui, sans doute, sont les deux, professions sociales qui comptent les représentants les plus instruits et indépendants.

La réforme de la Charte constitutionnelle à l'encontre de tous ses principes fondamentaux a indigné tellement la majorité de la Chambre des pairs que celle-ci, pour ne pas sanctionner par sa présence l'arbitraire de la dictature, s'est abstenue pendant la session de 1895 à 1896 de prendre part aux fonctions législatives. Le ministère disposait donc d'une Chambre des députés sans opposition et d'une Chambre des pairs où ne se trouvaient plus que 19 législateurs, chiffre minimum pour qu'elle puisse délibérer, et qui exprime en même temps le maximum de tolérance pour le gouvernement, et, malgré tout, les décrets dictatoriaux du gouvernement ont subi dans les deux chambres d'importantes modifications avec l'assentiment du gouvernement lui-même, comme par exemple la transformation du scrutin de liste en scrutin uninominal, ce qui laisse supposer que ces réformes ne correspondaient point aux besoins sociaux et ne furent point dictées de bonne foi, mais bien dans l'intérêt exclusif d'une politique mesquine et égoïste, dans le seul but de débarrasser le ministère des difficultés qu'il ne pouvait vaincre par la discussion et de lui garantir, au cas où il viendrait à tomber du pouvoir, les moyens d'opposition dont il privait ses adversaires. Ce fut dans ces conditions de complète abstention de la vie parlementaire de l'opposition monarchique et républicaine, sous le régime d'une dictature mal déguisée, que les ministres régénérateurs ont donné libre cours à leurs caprices ; telle est du moins l'opinion générale. On leur reprochait en effet d'avoir satisfait largement les ambitions de leurs amis politiques sans épargner les représailles à tous ceux qui leur étaient désagréables ou essayaient d'empêcher leurs libéralités, d'avoir créé des emplois et des commissions sans autorisation légale, d'avoir ordonné des dépenses contraires à ce que la loi avait établi, d'avoir augmenté les impôts sans tenter le moindre effort dans le sens des économies, d'avoir soulevé des conflits avec les puissances étrangères et de les avoir résolus à la légère au prix de l'humiliation nationale, de s'être enfin attiré des critiques où l'honneur et la dignité personnels sont restés sérieusement compromis. De telle façon que la politique du gouvernement n'a pas réussi à surmonter l'hostilité de la presse et a fait grandir le nombre des désillusionnés et des mécontents. Ainsi se trouva justifiée pleinement la préoccupation de ceux qui tout en admettant le besoin de réformes sérieuses, n'avaient point confiance cependant dans les dictateurs, et ne jugeaient pas les médecins compétents pour soigner la maladie nationale. C'étaient des guérisseurs qui n'ont montré que l'audace de charlatans, vivant de la tolérance du public et de l'impunité.

Il n'est donc pas étonnant que les institutions politiques qui produisent ces fruits, quoiqu'elles eussent pu en produire d'autres si le traitement avait été différent, aient perdu presque tout leur ancien prestige. Une expérience malheureuse est là pour attirer l'attention de tous sur l'exemple d'autres nations, où les plus intéressés dans la conservation des autres régimes ont appris qu'ils ne sont point indispensables et bien au contraire se peuvent remplacer avec une facilité qui rend ridicule la vanité et l'obsession de qui peut croire le contraire. Quand même il n'y aurait pas d'autres arguments à opposer à la force des simples traditions et de la succession historique, à mettre en face de cette cristallisation à laquelle les forces sociales semblent soumises, beaucoup plus par l'ineptie des masses que par suite de leur cohésion, il suffirait de quelques faits récents pour montrer que ces énergies incarnées dans un seul homme, dans une seule armée, ou dans une nation, sont incapables de résister à la sollicitation d'autres forces, quand leur mouvement est autre ; aujourd'hui que la diffusion des idées se fait comme la diffusion de la lumière, les faits de cet ordre dominent plus facilement l'esprit public qu'autrefois, et envahissent toutes les couches sociales. Nous ne sommes plus au temps où les systèmes. scientifiques avaient besoin d'une action de propagande, d'autant plus intime et longue que la culture et les conditions dont pouvait disposer la conscience et la volonté sociales étaient moindres. L'outillage social a transformé les conditions de la nation dans les cinquante dernières années de ce siècle, comme il aurait été impossible de le faire avec les moyens d'autrefois en cinq siècles. Cette progression est si rapide, les matériaux qui, chaque jour, entrent comme facteurs de l'évolution sociale sont si nombreux qu'il devient extrêmement hasardeux de prévoir ce qu'il aura produit dans les dix premières années seulement du siècle qui va bientôt commencer.

A quoi bon nier alors? Le mouvement républicain a fait des progrès prodigieux en Portugal dans ces derniers temps, c'est-à-dire exactement dans le même temps où l'ingénuité de quelques politiciens prétend le contrarier sans savoir s'opposer à ses causes intimes et au discrédit des institutions par l'observance sévère de la légalité et de l'honnêteté, ce qui, en vérité, est ce dont nous avons le plus besoin pour combattre l'ignoble et effrénée exploitation qui a pesé sur la nation. Au lieu de cela, on s'est contenté de vouloir supprimer les effets de la propagande républicaine et de mettre un bâillon à l'opinion comme si ces soupapes de sûreté pouvaient suffire à éviter l'explosion. Tout le monde reconnaît les progrès du mouvement républicain et les journaux monarchiques eux-mêmes ne le cachent pas et s'en servent plutôt comme un argument contre les gouvernements. Il y a quelques années quelqu'un parlait de cela à un de nos plus remarquables hommes d'État, mort depuis. Cet homme d'État, conservateur convaincu, ne voulait pas croire qu'il y eut des républicains en Portugal, mais comme on lui fit entendre que l'on comptait sur lui pour la présidence de la future république, il s'écria : comment, le pays exigerait encore de moi ce sacrifice? Si les événements précipitaient le moment où un sacrifice de cette nature deviendrait nécessaire, nous sommes certain que bien peu s'y refuseraient, si tant est qu'ils ne fussent nombreux ceux qui disputeraient l'honneur de l'avoir rendu indispensable. On raconte qu'un autre homme d'État également mort aujourd'hui et un de ceux qui chercha le plus à opérer la concentration des forces monarchiques par la sévère répression des idées démocratiques, s'écria un beau jour, au milieu [de ses amis : pourquoi ne la ferions-nous pas, la République, nous? Ces notes que nous consignons ici sans la moindre prétention à dévoiler l'avenir sont cependant assez significatives. Elles montrent bien quelle est la fermeté de principes de la plupart de ceux qui se disent les piliers des institutions. Souvenons-nous aussi qu'il en est encore un grand nombre qui attendent toujours les événements pour se prononcer en faveur des faits accomplis.

Il y a loin de là à conclure que le mouvement républicain soit produit exclusivement par les erreurs et les vices de l'administration intérieure et qu'il en doive résulter dans une époque donnée l'avènement de la République, abstraction faite des circonstances extérieures et à leur seule faveur. Cela nous parait particulièrement hasardeux à cette heure pleine de doutes et d'incertitudes.

Parmi les graves difficultés que le pays a eu à vaincre dans ces dernières années, il ne faut pas oublier celles qui ont surgi dans notre vaste empire colonial d'Afrique et d'Asie. Ces difficultés nous ont obligés à assumer des charges extraordinaires et extrêmement lourdes afin d'organiser les expéditions nécessaires pour pacifier la rébellion des indigènes et affirmer encore une fois l'antique souveraineté portugaise dans ses conquêtes d'outre-mer. Mais *felix culpa!* Les victoires de nos armes dans les campagnes de Marracuene, Manjacaze, Coolela, Magul et Chaïmite sont venus démontrer que l'ère des épopées et des héros n'était pas close pour notre glorieuse race de navigateurs. Et c'est exactement quand le scepticisme et le manque de foi en soi-même semblaient avoir envahi l'esprit public portugais que l'âme nationale se montra fortement rajeunie et fortifiée dans ces expansions intenses du plus pur patriotisme. On peut encore répéter partout avec joie et orgueil pour le nom portugais les vers du Camöens :

> *« As armas e os barôes assignalados*
> *Que da occidental praia lusitana*
> *Por maries nunca d'antes navegados*
> *Passaram ainda além da Taprobana »* (1).

Les Lusiades, chant I, est. I.

Nos vaillants soldats ont su honorer les glorieuses traditions du nom portugais. Ils ne se sont épargné aucun effort, aucun sacrifice. Ils n'ont même pas mesuré les dangers que l'inclémence du climat et les embûches de l'ennemi allaient leur réserver après un pénible voyage, parce que l'intégrité de la patrie les appelait au devoir sacré de venger le drapeau, et l'on peut dire d'eux aussi :

> *Vereis amor da patria nâo movido*
> *De premio vil, mas alto e quasi eterno* (2).

Lusiade, chant I, est. X.

---

(1) Les armes et les guerriers insignes
Qui partis de la plage occidentale de Lusitanie
Au travers des mers que nul n'avait auparavant parcourues
Passèrent bien au-delà de Taprobane (1).

(2) Vous verrez cet amour de la patrie qui ne naît point du désir d'un vil prix, mais seulement de celui d'une récompense haute et presque éternelle.

---

(1) Ancien nom de l'île de Ceylan.

Ils ont vaincu donc en braves et ils ont fait respecter le drapeau national. Ils se sont aussi imposés à l'admiration de ceux qui, se fiant à notre affaiblissement supposé, à l'apathie d'une large vie de paix, à la vilenie de l'intrigue de voisins pleins de convoitise et au sort variable de leurs armes, croyaient à la réussite de nouvelles agressions qui seraient la démonstration pratique d'une justice *sui generis* honteuse et barbare. Dans les annales de l'histoire portugaise brillent quelques nouvelles pages de valeur et d'héroïsme. Il s'en détache des récits d'agrandissement comme ceux des victoires de Diu, de Monteclaros et du Bussaco. Aux noms de nos plus grands capitaines, il faut joindre ceux des Galhardos, des Machados, des Alburquerques, des Mirandas et plusieurs autres, qui demeureront gravés dans la mémoire de tous les Portugais d'une façon non moins durable que dans le bronze ou le marbre, parce que le sentiment national, manifestation la plus noble de l'âme populaire, ne périt point avec chaque génération qui disparaît, et, bien au contraire, organise l'évolution historique dont elle est le facteur essentiel, se dévoilant d'elle-même, sans le secours d'autres témoignages, quelque éloquents et indissolubles que l'on puisse les imaginer.

Mûs par la sainte religion de la patrie, qui resserre d'autant plus les liens de la famille et de la nationalité que la distance qui nous sépare des foyers domestiques est plus grande, capitaines et soldats s'en sont allés sacrifier sur de lointains autels, dans la brousse épineuse, dans les forêts épaisses et les déserts marécageux, les vies d'intrépides camarades de qui jamais le souvenir ne sera oublié, et sceller aussi de leur propre sang l'emprisonnement et la sujétion de puissants régules. A leur retour cette même religion, qui les avait guidés dans les batailles et les rendait à la patrie chargés de trophées, les reçut en citoyens qui avaient bien mérité, aux acclamations unanimes des foules, comme si, pour leur signifier la reconnaissance du pays, chacun avait tenu à donner sa note sur la grande harpe du sentiment et de l'harmonie nationale sous la même voûte commune du ciel portugais.

Jamais on n'avait vu une pareille identification d'affections, et jamais la confiance dans les destinées du pays n'avait été si grande, attendu que ce dernier apparaissait servi par qui, « point pour un vil prix », sait encore contribuer avec valeur à exalter la patrie et châtier l'ennemi où qu'il soit, déguisé ou non, au Portugal ou seulement dans les déserts de l'Afrique. Il est heureux que cette confiance existe et faisons des vœux pour qu'elle augmente, comme tous le voudraient.

Dans les budgets et propositions de loi que le dernier ministère régénérateur a présenté aux Cortès, il n'a pas manqué de parler de la croissante prospérité économique et financière du pays. Si l'on devait admettre que l'augmentation des impôts répond en fait à l'augmentation de la richesse publique, on pourrait croire que le gouvernement disait vrai. Malheureusement ses affirmations paraissent devoir être contrariées par un très grand nombre de circonstances. Les dépenses ont augmenté, en effet, dans une proportion que l'on ne saurait justifier. Elles accusent un gaspillage ou une déperdition qui non seulement est actuellement préjudiciable, mais a encore le grave inconvénient de faire douter de toute réorganisation économique. Quand on a réduit les charges de la dette publique de plus de 70 0/0, les dépenses étaient de 44,000 contos et aujourd'hui elles s'élèvent à 55,000. De telle façon que l'énorme sacrifice des créanciers de l'État, et celui de la nation elle-même, dont le crédit est resté ébranlé, n'ont servi qu'à permettre la continuation du système de largesses et de libéralités qui nous rapproche de plus en plus d'une situation que l'on ne saurait définir.

On a bien présenté, dans ces deux dernières années, deux budgets qui se soldaient par un excédant de recettes. Mais on n'a pas de peine à comprendre que c'est là une pure fantaisie dans le but de tromper le public et de justifier les aggravations d'impôts. Les budgets des recettes sont depuis longtemps établis sur des données qui ne sauraient inspirer que peu ou pas de confiance, et les dépenses prévues sont en général dépassées, suivant les circonstances. La comptabilité publique, en ce qui regarde l'administration de l'État, n'est soumise ni à une fiscalisation convenable, ni à l'indispensable sanction pénale au point de vue des responsabilités ministérielles. Ainsi, quoique nous ne voulions pas soulever une suspicion sans fondement sur le dernier ministère, ni blâmer à la légère ses actes, nous ne pouvons pas nous empêcher de remarquer que la dette flottante a augmenté constamment au gré des besoins gouvernementaux. Il est impossible de l'étendre, si ce n'est au moyen de nouvelles opérations de crédit, qui ne font que modifier sa nature. Autrefois, quand les emprunts étaient faciles et constituaient pour ainsi dire la source la plus abondante des recettes, les conversions de la dette flottante en dette consolidée se succédaient d'année en année; on augmentait les charges du Trésor et pour les payer on avait recours à de nouveaux emprunts. Aujourd'hui le recours au crédit étranger est sensiblement difficile, comme tout dernièrement l'ont démontré les conditions très onéreuses d'un emprunt insignifiant de 3,000 contos pour l'achat de bateaux de guerre. On a recours aux contrats avec la Banque de Portugal qui, de temps en temps, augmente le nombre de ses billets en circulation, sans toutefois augmenter proportionnellement la salutaire garantie de sa réserve métallique. Il en résulte que sa faculté d'émission n'est réglée que par les besoins éventuels du gouvernement. Personne ne se laisse plus tromper à cette illusion financière qui nous mène à un avenir bien peu sûr. Cependant il faut avouer que ce procédé est le seul que permette la précaire existence d'expédients dilatoires, auxquels malheuseusement nous nous trouvons réduits.

On attribue à la dépréciation de valeur de nos moyens de circulation, qui résulte de ce système, la baisse du change avec les places étrangères, que les circonstances spéciales du Brésil aggravent particulièrement. Nous maintenons avec ce pays des relations commerciales importantes et il nous fournit un excédent d'importation sur notre exportation. De plus, le gouvernement ayant besoin d'acheter de l'or dans le pays pour satisfaire ses engagements à l'étranger, pèse sur le marché. Tout cela a fait baisser nos valeurs de plus de 40 0/0 et nuit à l'industrie. Le consommateur, pour qui la vie est déjà très chère, ne peut pas supporter toutes les différences, quoiqu'il en réponde, car il en est la première victime.

Il faut signaler ici une exception en faveur des banques qui, en ces temps de grande calamité, offrent cependant des bénéfices énormes, exactement comme les maisons de prêts sur nantissements gagnent davantage dans les époques de crise violente. Mais cette exception s'explique par l'abstention de la Banque d'émission, ce qui est évidemment abusif, car cette Banque, en raison de ses privilèges, devrait être tenue de corriger les exagérations des autres Banques. La situation économique et financière du pays continue donc à être grave. Elle reconnaît d'ailleurs des causes si complexes qu'il serait téméraire de vouloir l'expliquer sans crainte de nous tromper.

Les ouvriers se plaignent en général du manque de travail. Dans les provinces, ils sont aux prises avec la misère. Ce sont là des témoignages insuspects de la triste et inéluctable réalité. Ils réclament du travail ou du pain, car si on ne leur procure ni l'un ni l'autre, il ne leur restera plus que la ressource de voler. C'est ainsi que se pose pour eux le problème social.

Nous avons entendu souvent conseiller aux gouvernants de *changer de vie*. On les tiendrait quitte des responsabilités du passé qui sont terribles, pourvu qu'ils adoptassent de nouvelles règles d'économie, de justice et de moralité dans l'avenir. On espère que de notre état de générale décomposition pourra alors sortir le phénix sauveur. Dans ce sens, il en est qui avouent leurs fautes et se montrent entièrement contrits et repentis, tout prêts à pardonner pour être pardonnés à leur tour. D'autres ont un programme plus élevé et essaient d'employer des procédés de réhabilitation morale contre la tolérance de nos mœurs qui au fond n'est que l'absence du moindre scrupule, soit qu'elle se traduise par la transgression directe de nos lois, soit qu'elle mène à tolérer et laisser sans répression les transgressions des autres, ce qui est surtout le résultat du défaut de sentiment religieux que l'on remarque dans l'éducation sociale.

Les questions politiques tout comme les questions économiques et financières ne peuvent pas être résolues subitement, surtout si elles sont posées depuis longtemps, car alors elles prennent l'envergure d'une question aussi générale que la question sociale. Il ne suffit nullement pour les résoudre de simples déclamations, de protestations de repentir même faites de bonne foi. Nous faut-il les envisager sous un esprit unique et comme reconnaissant une seule cause alors qu'elles sont par leur nature fort diverses et résultant de différents facteurs ? Les phénomènes politiques, les phénomènes économiques et les phénomènes juridiques ont tous leurs lois spéciales que l'on ne sauraient confondre et sont le résultat d'organes sociaux dont les fonctions doivent être parfaitement distinctes. Il est évident que l'éducation morale ne leur est pas indifférente. Au contraire, elle a une influence certaine dans toutes les relations sociologiques. Mais il est d'autres éléments que l'on ne saurait négliger même au point de vue du critérium d'une éducation qui ne doit pas être seulement religieuse. La partie puissante ou dirigeante de la société peut bien résoudre les problèmes sociaux par la connaissance de ses lois organiques et fonctionnelles, abstraction faite des idées religieuses, parce que l'État n'a pas rigoureusement de religion propre. Mais la partie dirigée, celle qui se laisse gouverner, n'est pas responsable des folles équipées des gouvernants en embrassant la religion qui s'impose à la conscience individuelle, à moins que, pouvant apprécier les actes de ces gouvernants, elle oublie les devoirs qu'elle a envers la patrie.

Il n'entre pas dans notre intention d'aborder ici de hautes questions sociologiques à propos de quelques faits relatifs à notre pays, quelle que soit leur valeur symptomatique; notre but se borne à montrer comment ces faits doivent être appréciés et comment on en peut dégager la signification évolutive.

Ceci posé nous ajouterons que pour beaucoup de personnes qui prennent au sérieux les crises qui se répètent et grossissent depuis quelque temps, il ne suffit pas d'un repentir vrai et de quelques déclamations hypocrites alors que par une longue série d'erreurs commises on a fourni la preuve d'une trop grande incapacité ou l'on a cherché à exploiter la politique comme une industrie de rapport en honneurs et profits accumulés sans effort équivalent. On a beau créer une nouvelle vie; cela ne changera pas tout au moins, au point de vue politique, les vieilles habitudes et le tempérament acquis qui se sont développés et maintenus grâce à la fameuse douceur de nos mœurs que l'on condamne aujourd'hui. Elle ne serait donc, cette *nouvelle vie,* que le prolongement de quelques privilèges que l'on ne saurait se résoudre à abandonner sans amertume bien qu'ils soient menacés, et la décomposition continuerait de fournir un champ propice à la vermine sociale.

Nous dirons aussi que les sentiments religieux et l'éducation, qui, en vérité, contribuent puissamment à la formation du caractère individuel et à la moralisation sociale, semblent en effet s'affaiblir au milieu de tant de perversion et de tant de licence, surtout, chez les classes que l'on suppose les plus élevées, de sorte qu'il ne serait pas hors de propos de songer à une réforme ayant pour but principal d'éviter la suggestion de ces classes, car on ne saurait douter que les couches inférieures qui vivent de leur travail et celles qui se préoccupent le moins de politique sont encore les moins dégénérées. Leur principal défaut vient de ce qu'elles se laissent corrompre par ceux qui peuvent leur dispenser des faveurs. La corruption suppose, en effet, toujours deux partenaires, mais le corrupteur est incontestablement celui dont la responsabilité est la plus grave.

Mais comment réaliser une pareille réforme? En rendant l'éducation ecclésiastique ou bien en soumettant les écoles à l'Église? En ressuscitant l'Inquisition et le fanatisme? En organisant des processions et des pratiques spirituelles de pénitence? En rouvrant les couvents pour les deux sexes?

Voilà une question dont la discussion est toujours stérile entre les représentants de principes opposés et dont il ne résulte jamais que des froissements pour ceux qui adoptent comme critérium exclusif leurs propres croyances. Il est incontestable que dans la vieille Europe la question religieuse ne saurait se poser aujourd'hui comme autrefois. C'est précisément parce qu'elle a été posée sur un tout autre terrain que nous avons vu se développer l'esprit de liberté et de tolérance, et même cet affaiblissement du sentiment religieux qui semble rendre désormais impossibles les grandes luttes en cette matière. L'idée d'un parti catholique, dont nous avons déjà eu l'occasion de nous entretenir, ayant pour but de rallumer ces luttes et reconquérir les esprits, même au moyen de procédés modernes, aurait ce grand inconvénient d'amener une plus grande division, en suscitant les haines religieuses qui sont toujours les plus implacables.

On ne saurait nier à l'Église le droit à la propagande. Le respect et tolérance de l'État en matière de liberté religieuse doit être tel qu'il garantisse également toutes les croyances, sans offenser aucune ; mais ce serait une grave erreur que d'amener l'État à abdiquer de ses droits pour confier les écoles et l'éducation politique à l'Église et aux curés, car si ces derniers font de la politique comme ils en ont le droit en tant que citoyens, ils ont néanmoins contre eux le reproche de s'attacher aux affaires mondaines au préjudice de l'Évangile, et s'ils ne pensent qu'au bonheur de la vie future, toute spirituelle, ils sont par cela même des agents très insuffisants de la société politique. Nous n'allons pas jusqu'au point de les regarder comme inutiles à ceux qui en ont besoin, car ce serait nier l'influence du sentiment religieux dans l'ordre social. Il nous semble même qu'ils pourraient être bien plus utiles s'ils comprenaient mieux leurs devoirs. Mais nous les considérons comme dangereux quand, au mépris de ces devoirs, ils se font les instruments de la corruption, étant les premiers corrompus.

L'Inquisition n'est aujourd'hui qu'un souvenir historique, mais on pourrait craindre sa rénovation si nous retournions au fanatisme d'autrefois, et nous ne sommes pas éloigné de croire que de nos jours on trouverait encore quelqu'un pour briguer l'honneur d'être inquisiteur ou officier du Saint-Office. Mais les mêmes raisons qui nous empêchent d'admettre la possibilité du retour des grandes luttes religieuses font que nous ne croyons pas voir survenir ce fanatisme et ne craignons point ses conséquences. Quand même on amènerait l'humanité à une période de plus ardente ferveur religieuse, rien ne nous autorise à supposer qu'elle impliquerait une égale brutalité et sauvagerie.

Les processions et autres pratiques religieuses n'ont pas actuellement pour le public l'importance qu'on y attachait autrefois. Elles ne sauraient ramener la foi, ni ne font de prosélytes. Si l'on veut éviter de compromettre tout à fait la croyance, on fera bien de lui épargner le ridicule de ces exhibitions à grand spectacle, trop burlesques dans les rues et places publiques, qui offensent le sens commun. On se rappelle la procession moitié païenne, moitié catholique, qui a défilé dans les rues de Lisbonne à l'occasion du dernier centenaire de saint Antoine. Cette manifestation a été un essai des purs du parti catholique dans l'intention de donner le branle aux esprits, en éveillant les sentiments et les croyances presque éteintes. Il faut avouer que, si d'aventure on avait eu l'intention de conduire ces sentiments et ces croyances à une faillite, on n'aurait assurément pas trouvé occasion plus propice, ni des moyens plus efficaces pour atteindre un tel résultat. On a réuni un congrès d'évêques et de la plus fine fleur des catholiques portugais où, de tous les esprits laborieux, les thèses les plus réactionnaires furent soutenues. Quelques-unes même de ces thèses attaquaient directement le droit public portugais et international, attendu que non seulement elles étaient contraires à nos institutions, mais encore elles proclamaient la souveraineté du pape-roi, se plaçant ainsi tout à fait en dehors des limites que doivent respecter les discussions purement théoriques et les déclarations des assemblées où siègent des représentants d'un État ami. On y a soutenu les ordres religieux qui n'ont plus d'existence légale en Portugal, en vertu d'un décret de 1834, lesquels ordres religieux avaient été alors les plus intraitables adversaires de l'établissement du régime constitutionnel dans notre pays. Et pour couronner l'œuvre du congrès, on a promené en public la fameuse procession. Sans compter beaucoup d'autres tableaux, dans le genre des antiques bachanales, on y vit le spectacle de moines qui n'étaient que des soldats et de bonnes sœurs qui n'étaient que des filles publiques. Et, cependant, cette mascarade, qui en réalité devait passer plutôt pour une offense à la religion et aux ordres religieux, et que personne ayant le souci de ces intérêts n'aurait jamais dû consentir, a été prise pour un défi aux idées libérales, ce qui a provoqué plusieurs bagarres. A plusieurs reprises, la procession a été arrêtée et l'ordre public troublé. Bon nombre de personnes qui prenaient part à cette manifestation furent contraintes de se sauver, y compris quelques prêtres revêtus de leurs habits sacerdotaux. Voilà le résultat auquel on a abouti sans profit pour personne et au détriment de tous. Ce n'est donc pas encore par ce moyen que l'on redonnera une nouvelle impulsion au sentiment et à l'éducation religieuse.

La question des ordres religieux mérite que nous nous y arrêtions un instant pour rappeler quelques faits. C'est en vertu de raisons politiques que les ordres furent abolis et déclarés supprimés, en 1834 ; déjà au siècle derniei la Compagnie de Jésus avait expérimenté le même sort pour d'autres raisons. Ces mesures n'allèrent pas, comme bien l'on pense, sans soulever des protestations. Encore à l'heure qu'il est d'aucuns soutiennent leur nécessité et leur utilité, prétendant même qu'elles ne pouvaient pas être dissoutes par le pouvoir temporel et que par conséquent elles ne l'ont pas été en droit. Leur rétablissement est donc l'idéal de quelques catholiques qui ne manquent jamais une occasion de se livrer à des démonstrations dans ce sens. C'est à cela que visent leurs plus grands efforts, grâce à la tolérance, sinon à l'encouragement direct de quelques gouvernements.

On ne saurait nier que les ordres religieux n'ont rien d'incompatible avec les institutions politiques les plus libérales. Ils existent en fait et en droit dans beaucoup de nations où le gouvernement démocratique a atteint son plus grand essor. Néanmoins, il est aussi incontestable que non seulement l'État peut défendre les vœux religieux temporaires ou perpétuels, car il lui appartient de déterminer la manière dont il convient de régler le développement de sa population, mais il peut encore dénier l'existence juridique aux congrégations qu'il ne reconnaît pas et empêcher même la vie en commun de leurs membres comme étant contraire à ses intérêts sociaux et politiques.

Certes ceux qui, divorcés du monde par mille contrariétés et désillusions, incapables de soutenir la lutte pour la vie, trouvaient dans le refuge des couvents une retraite dans la paix du sanctuaire, ceux-là pouvaient se consacrer dans le dernier quartier de l'existence aux œuvres de charité et se préparer à la destinée finale d'au-delà du tombeau. Dans d'autres temps ces retraites religieuses n'étaient point incompatibles avec les progrès des sciences et des arts. C'était même plutôt là que sciences et arts brillaient d'un plus vif éclat. Des hommes illustres entièrement détachés des luttes et des passions mondaines les y cultivaient en silence.

Mais était-ce cela seulement les couvents? On peut en douter. La vérité est que dans le bilan de leurs vices et vertus, ces dernières présentaient souvent un solde négatif. Au grand préjudice de la morale publique scandalisée, les couvents étaient en général un foyer de débauche, de vie oisive et plantureuse. Cela se faisait aux dépens de ceux qui travaillaient pour les entretenir avec leurs aumônes quand les couvents ne possédaient pas de richesses abondantes. Et des ordres riches devaient souvent leur fortune à une ignoble exploitation des sentiments de piété.

On oppose à ce tableau les réformes auxquelles on aurait pu soumettre les couvents sans les supprimer entièrement. Mais ici, comme dans beaucoup d'autres questions, il faut tenir compte des progrès sociaux et des conditions spéciales à chaque pays. Certains retours ne sont point possibles ni ne conviennent à tous les temps et lieux. *Altri tempi, altri pensieri.*

L'État qui, de nos jours confierait le développement économique et la direction de l'instruction scientifique et artistique ou professionnelle aux procédés monastiques ou qui seulement se laisserait inspirer par eux, manquerait évidemment à sa mission sociale et permettrait une inversion de fonctions que l'on ne saurait plus admettre sans contrarier la nature des institutions religieuses elles-mêmes. Si dans d'autres époques ces institutions ont eu leur expansion civilisatrice au sein des sociétés barbares en s'emparant, comme il était naturel, des moyens indispensables à son action, cette expansion est née de circonstances exceptionnelles qui ont disparu et qui ne se présentent point en ce moment.

Il n'y a que dans quelques-unes de nos colonies que l'on peut considérer la situation comme semblable à celle où les couvents défrichaient des terrains incultes et dirigeaient l'éducation et l'instruction de la jeunesse du voisinage. C'est dans cette direction que le courant des idées monastiques a pu se frayer un chemin avec l'assentiment et l'aide du gouvernement et sous ce prétexte on a établi dans la Métropole même des collèges ou maisons de préparation qui n'ont pas une grande différence avec les couvents que défend la loi.

Le gouvernement soutient dans l'Afrique occidentale vingt-quatre missions religieuses outre les missions, dites du Saint-Esprit, de la province d'Angola, qui sont constituées pour la plupart avec des missionnaires étrangers qui ne sont même pas sous l'obéissance des autorités ecclésiastiques portugaises. Ces missions et autres frais des cultes de la province d'Angola coûtent au Trésor une somme supérieure à 100 contos, c'est-à-dire, beaucoup plus que ce que l'on dépense pour l'instruction primaire de tout le territoire continental où il n'y pas encore le tiers des écoles nécessaires, et plus d'un cinquième de la dépense que l'on fait pour toute l'instruction élémentaire et supérieure du pays.

Si donc c'était en Afrique que les congrégations religieuses moins dangereuses pouvaient paraître utiles, leur large dotation montre bien quelle est la mesure de leur influence et de la protection du gouvernement sans que toutefois on voie les grands services qu'elles ont pu

rendre. Au contraire il en est quelques-unes qui se sont trouvées com-
promises dans des affaires de mœurs avec les indigènes.

Bien que l'Afrique pût attirer l'attention des catholiques sur les
services que les ordres religieux pouvaient y rendre, il n'est pas
moins certain que les procédés de colonisation et les moyens de
répandre la civilisation parmi les indigènes ne peuvent pas être ceux
du Moyen-Age dans la vieille Europe. C'est d'ailleurs une grave erreur
que de se fier aux futurs citoyens noirs. On devrait plutôt préparer les
conditions d'une rapide adaptation et fixation des Européens, dirigeant
de ce côté toute l'émigration énorme qui se porte sur divers points de
l'Amérique.

La situation politique a été sensiblement modifié tout dernièrement
par la démission du ministère régénérateur et l'arrivée au pouvoir du
parti progressiste. Les premiers actes du nouveau cabinet furent la
dissolution de la Chambre des députés et une amnistie générale pour
les délits de presse.

Une nouvelle période est donc ouverte dans l'histoire politique du
pays. Le gouvernement qui arrive aux affaires, dans l'exposé des motifs
du décret de dissolution de la Chambre, a indiqué pour ainsi dire son
programme ; voici ce document :

« Les circonstances politiques où le ministère actuel a été cons-
titué, m'obligent à soumettre à la sanction royale le projet de décret
qui accompagne ce rapport, décret dont le gouvernement croit devoir
justifier l'adoption dans les termes qui suivent.

« Le dernier cabinet ayant cru devoir assumer des pouvoirs extraordinaires a convoqué encore dans l'usage de ces moyens une Chambre
qui non seulement sanctionna les mesures dictatoriales, mais appouva
encore d'autres mesures qui furent soumises à sa délibération. Le
gouvernement actuel représentant au pouvoir un parti qui non seulement n'a pris aucune part de responsabilité dans ces actes, mais a
encore protesté publiquement contre ces actes dans les limites de la
légalité, pourrait bien suivant les précédents établis proposer à Votre
Majesté de rapporter purement et simplement tous les diplômes illéga-
lement promulgués. En agissant ainsi il pourrait justifier cette mesure
en alléguant que son intention était de rétablir la légalité antérieure.

« Cependant, considérant que, si d'un côté il eût été facile de
purger la législation de tous ces actes, il n'était pas possible de rendre
inefficaces les droits et obligations que leur exécution avait établis, et,

considérant d'autre part que pour mener à bien cette œuvre, même si elle était entièrement possible, il faudrait assumer des attributions législatives qui ne lui appartiennent point, le gouvernement a jugé qu'il était de son devoir d'accepter les faits accomplis tout en réservant, mais pas moins expressément, la faculté de proposer aux Cortès la révocation de quelques-unes de ces mesures.

« Reconnaissant que les chambres actuelles ne peuvent pas coopérer à cette œuvre de rétablissement de la légalité, parce que, en dehors d'autres raisons, étant solidaires avec le dernier ministère elles seraient pour le faire obligées de se déjuger, dans ces conditions le gouvernement n'hésite pas à proposer à Votre Majesté, comme il le fait, que dans l'exercice d'une faculté constitutionnelle Votre Majesté daigne dissoudre la Chambre des députés.

« Le gouvernement pense que dans les circonstances actuelles, il ne suffit pas de justifier la dissolution, qu'il vient proposer à Votre Majesté, mais qu'il faut exposer rapidement le plan que, cette mesure étant prise, il croit devoir suivre.

« Le gouvernement convoquera et réunira les Cortès en temps utile pour le vote des impôts et des lois qui les établiront pour la prochaine année économique. Le gouvernement proposera immédiatement à ces Cortès la révocation des diplômes actuellement en vigueur qui ont porté préjudice à l'inviolabilité des droits civils et politiques des citoyens et parmi eux ceux qui ont restreint les garanties individuelles, la liberté de la presse et la liberté de réunion, de façon que les facultés les plus solidement garanties par la constitution soient rétablies, sans préjudice des respectives responsabilités.

« En même temps le ministère déposera à la Chambre des députés une proposition de révision de la Constitution, dans le but principal d'éviter que le pouvoir exécutif puisse jamais en suspendre l'exécution, et accordant pour cela aux Cortès, au pouvoir judiciaire et aux citoyens eux-mêmes, les moyens de rendre à l'avenir impossible toute tentative dans ce sens, car la répétition de ces faits a été la cause principale de l'abattement du pouvoir législatif et de la dépression du système représentatif.

« A côté de cette indispensable œuvre politique, le gouvernement n'oubliera pas de présenter aux Cortès les projets de loi qui lui paraissent actuellement les plus urgents.

« Parmi ces projets, il faut citer ceux destinés à rétablir, autant que possible, l'équilibre économique et à dégager la situation financière, introduisant dans les dépenses les économies compatibles avec les services publics indispensables, rendant effective et sous la plus sévère responsabilité, la fiscalisation de l'emploi des fonds publics, encourageant le développement de la production nationale, cherchant à lui ouvrir des marchés, améliorant l'économie publique et rétablissant le crédit du pays. Citons aussi les projets de loi tendant à perfectionner les conditions de l'armée et de la marine auxquelles la nation doit tant, à mieux utiliser notre vaste domaine d'outre mer, à réformer l'administration publique sur la base d'une convenable et libérale décentralisation, à tenir compte des justes réclamations du peuple en ce qui concerne la circonscription territoriale et finalement ceux qui serviront à introduire dans la législation industrielle des mesures qui, évitant le conflit entre le capital et la main-d'œuvre, accordent au premier la garantie nécessaire et à la seconde une juste protection.

« Cependant, et jusqu'au moment où les Cortès auront pu adopter ce qui sera le plus juste, le gouvernement fera, tout en se tenant scrupuleusement dans les limites des attributions du pouvoir exécutif, les actes indispensables à l'administration de l'État, suivant les principes de la justice et de l'économie. Dans ce but, en plus d'autres mesures provisoires, le gouvernement fera procéder sans retard à un rigoureux inventaire de l'actif et du passif du trésor dans la présente occasion, non seulement pour pouvoir connaître à fond la situation des finances publiques, mais aussi pour déterminer ses engagements dans l'avenir. Cela fait, et ayant, comme il convient, le souci de la scrupuleuse application des deniers publics, le gouvernement fera cesser toutes les dépenses qui dans les circonstances actuelles ne nous paraîtront pas justifiées, pour les borner à la sincère et rigouseuse exécution des autorisations légales.

« Reconnaissant, comme il reconnaît, que notre État ne comporte pas une organisation des services publics aussi développée que celle qui existe, le gouvernement évitera autant que possible les nouvelles nominations d'employés et tiendra compte dans celles qu'il sera amené à faire des intérêts de l'État, des droits acquis, ne choisissant, quand la loi ne l'exige pas, aucune personne étrangère aux cadres de l'administration. Finalement le gouvernement mettra tout son soin à faire dans le fonctionnement des divers services publics, que tout le monde observe et que tout le monde obtienne la plus scrupuleuse justice.

« Le gouvernemenl espère que pour la réalisation de ce plan qui se résume finalement dans le rétablissement légal du système représentatif. dans la sévère observance de la loi et dans le successif développement économique du pays, tous les bons citoyens et les divers partis se montreront disposés à y contribuer les uns par une coopération décidée, les autres avec leur critique impartiale, tous avec le même patriotisme. Dans le but de faciliter pour sa part ce concours de dévouements, le ministère adoptera une politique de tolérance qui permettra au plus grand nombre de se concerter dans une œuvre commune à tous les Portugais, sans rien abdiquer de leurs principes. Le gouvernement s'estimera heureux s'il réussit à montrer, comme il l'espère, que dans les institutions et par la scrupuleuse observance du pacte constitutionnel il est possible de concilier l'exercice de la liberté avec le progrès du pays. »

Dans ces conditions il faut attendre, tout en faisant des vœux pour que le gouvernement puisse remplir ses promesses sans augmenter le nombre des désillusions, qui est déjà immense et qui ne nous permet pas d'avoir trop confiance et nous engage à faire des réserves. Tous ceux qui contribueront à faciliter la mission du gouvernement, pour le rétablissement du crédit et du prestige national au moyen d'une administration sensée, accompliront un devoir patriotique.

REVUE INTERNATIONALE

DE

SOCIOLOGIE

PUBLIÉE TOUS LES MOIS, SOUS LA DIRECTION DE

RENÉ WORMS

Secrétaire-Général de l'Institut International de Sociologie

AVEC LA COLLABORATION ET LE CONCOURS DE

MM. **Ch. Andler**, Paris. — **A. Asturaro**, Gênes. — **A. Babeau**, Troyes. — **M. E. Ballesteros**, Santiago. — **P. Beauregard**, Paris. — **R. Bérenger**, Paris. — **M. Bernès**, Montpellier. — **J. Bertillon**, Paris. — **A. Bertrand**, Lyon. — **L. Brentano**, Munich. — **Ad. Buylla**, Oviedo. — **Ed. Chavannes**, Paris. — **E Cheysson**, Paris. — **J. Dallemagne**, Bruxelles. — **C. Dobrogeanu**, Bucarest. — **P. Dorado**, Salamanque. — **M. Dufourmantelle**, Paris. — **L. Duguit**, Bordeaux. — **P. Duproix**, Genève — **A. Espinas**, Paris. — **Fernand Faure**, Paris. — **Enrico Ferri**, Rome. — **G. Fiamingo**, Rome. — **A. Fouillée**, Paris. — **A. Giard**, Paris. — **Ch. Gide**, Montpellier. — **R. de la Grasserie**, Rennes. — **P. Guiraud**, Paris. — **Louis Gumplowicz**, Graz. — **H. Hauser**, Clermont. — **M. Kovalewsky**, Moscou. — **F. Larnaude**, Paris. — **Ch. Letourneau**, Paris. — **E. Levasseur**, Paris. — **P. de Lilienfeld**, Saint-Pétersbourg. — **A. Loria**, Padoue. — **J. Loutchisky**, Kiew. — **John Lubbock**, Londres. — **J. Mandello**, Budapest. — **L. Manouvrier**, Paris. — **P. du Maroussem**, Paris. — **T. Masaryk**, Prague. — **Carl Menger**, Vienne. — **G. Monod**, Paris. — **F. S. Nitti**, Naples. — **J. Novicow**, Odessa. — **Ed. Perrier**, Paris. — **Ch. Pfister**, Nancy. — **Ad. Posada**, Oviedo. — **O. Pyfferoen**, Gand. — **A. Raffalovich**, Paris. — **E. van der Rest**, Bruxelles. — **M. Revon**, Tokio. — **Th. Ribot**, Paris. — **Ch. Richet**, Paris — **V. Rossel**, Berne. — **Th. Roussel**, Paris. — **A. Schaeffle**, Stuttgart. — **F. Schrader**, Paris. — **G. Simmel**, Berlin. — **C. N. Starcke**, Copenhague. — **L. Stein**, Berne. — **R. Steinmetz**, Utrecht. — **G. Tarde**, Paris. — **J. J. Tavares de Medeiros**, Lisbonne. — **F. Tœnnies**, Hambourg. — **A. Tratchewsky**, Saint-Pétersbourg. — **E. B. Tylor**, Oxford. — **I. Vanni**, Bologne. — **J. M. Vincent**, Baltimore. — **P. Vinogradow**, Moscou. — **R. dalla Volta**, Florence. — **E. Westermarck**, Helsingfors. — **Emile Worms**, Rennes. — **L. Wuarin**, Genève.

Secrétaires de la Rédaction : **Ed. Herriot.** — **Al. Lambert.** — **Fr. de Zeltner.**

Abonnement annuel : FRANCE : 18 fr. — UNION POSTALE : 20 fr.

PARIS.

V. GIARD & E. BRIÈRE, ÉDITEURS

16, RUE SOUFFLOT, 16

1897

LIBRAIRES CORRESPONDANTS :

BENDA (B.),	à Lausanne.	MAYOLEZ (O.) & J. AUDIARTE,	à Bruxelles.
BROCKHAUS (F. A.).	à Leipzig.	NUTT (DAVID),	à Londres.
FEIKEMA CAARELSEN & C°.	à Amsterdam.	SAMSON & WALLIN,	à Stockholm.
FÉRIN & C°.	à Lisbonne.	STAPELMOHR (H.),	à Genève.
GEROLD & C°,	à Vienne.	STECHERT (G. E.),	à New-York.
KILIAN's (F),	à Budapest.	VAN FLETEREN (P.),	à Gand.
KRAMERS & FILS,	à Rotterdam.	VAN STOCKUM & FILS,	à La Haye.
LOESCHER & C°,	à Rome.		

9 782013 702164